# LIS DE JÉSUS

ET

# ROSES DE MARIE

POÉSIES

**PAR MARIE E. DE M*****

PARIS-AUTEUIL

IMPRIMERIE DES APPRENTIS-ORPHELINS. — ROUSSEL
40, rue La Fontaine, 40.

1882

# LIS DE JÉSUS

## ET

# ROSES DE MARIE

# LIS DE JÉSUS

ET

# ROSES DE MARIE

POÉSIES

**PAR MARIE E. DE M*****

## PARIS-AUTEUIL

IMPRIMERIE DES ARPRENTIS ORPHELINS. — ROUSSEL

40, rue La Fontaine, 40.

1882

# LIS DE JÉSUS

## ET

## ROSES DE MARIE

—◆—

## AVE MARIA

—

Je te salue, ô divine Marie,
Reine des séraphins, toi qui charmes les cieux !
De ta cour immortelle en extase ravie,
Que ne puis-je imiter les chants délicieux !

Je te salue, ô merveilleuse aurore,
Qui vins à l'univers promettre un si beau jour,
Lorsque pour nous sauver le ciel te vit éclore,
Devançant le soleil de justice et d'amour !

Je te salue, ô radieuse étoile,
Céleste et cher espoir des pauvres matelots !
Qu'ils invoquent ton nom lorsque le ciel se voile,
Et tes rayons si doux brilleront sur les flots !

1

Je te salue, ô blanche messagère,
Annonçant aux humains le pardon du Seigneur !
Colombe chaste et sainte, aux cœurs pieux si chère,
Qui pourrait égaler ta céleste douceur ?

Je te salue, ô fleur délicieuse !
Quel cœur de tes attraits peut n'être point touché ?
Fleur aux divins parfums, rose mystérieuse,
Quel miel suave et pur de toi s'est épanché !

Je te salue, ô tendre et sainte mère !
C'est là, surtout, le nom que préfère ton cœur !
Ah ! loin de moi le monde et sa joie éphémère ;
C'est rêver le bonheur que d'aimer sur la terre,
Aimer ton Fils et toi, c'est l'éternel bonheur !

## LA RELIGIEUSE
## PARTANT POUR LA MISSION

—

Adieu donc pour jamais, adieu douce patrie !
Lieux où mon cœur s'ouvrit à l'éternel amour,
Murs sacrés, saints autels, retraite si chérie,
Pour celle qui vous quitte il n'est point de retour,
O mes sœurs, qui pour moi  témoignez vos alarmes,
Offrons nos pleurs à Dieu, notre céleste appui,
Ce Dieu d'amour qui  compte et qui bénit les larmes.
  Que l'on verse pour lui !

Il calmera bientôt nos âmes déchirées
Par la vive douleur de nos tendres adieux,
Ici-bas pour jamais nous serons séparées,
Mais disons avec joie : « Au revoir dans les cieux ! »
Ah  bien loin de gémir, adorons la loi sainte
Du Dieu de charité qui m'exile aujourd'hui,
N'avons-nous pas promis, sans regret et sans crainte
  De tout quitter pour lui?

O bonté du Seigneur ! ô grâce inespérée !
Il daigne me choisir pour un céleste emploi,
Et m'admet dans les rangs de la troupe sacrée
Qui va chez les païens du Christ porter la foi !

Soldats du Dieu de paix qui vers eux nous envoie
L'Évangile en nos mains et la croix pour appui,
Nous allons, pleins d'espoir, de courage et de joie,
    Les conquérir pour lui !

Les ministres du ciel, nos pasteurs et nos guides,
Là-bas annonceront la loi de vérité ;
Nous, leurs sœurs, secondant leurs efforts intrépides,
Nous ravirons les cœurs avec la charité !
Recueillant l'orphelin, soulageant la souffrance,
A tous ceux qu'on délaisse offrant un doux appui,
La charité du Christ sera notre éloquence
    Pour les gagner à lui !

Dans les climats lointains, sur la rive sauvage,
Il soutiendra nos cœurs, il guidera nos pas.
Salut, bords désirés! salut, heureuse plage,
Où nous allons bientôt livrer de saints combats !
Peut-être sur ces bords nous attend le martyre !..
Oui, croyons-en l'espoir qui m'anime aujourd'hui,
Et bénissant le Dieu qui m'enflamme et m'inspire.
    Sachons mourir pour lui !

# RÉSIGNATION

—

Mon Dieu, Dieu de bonté, daigne écouter ma plainte,
Les maux de toutes parts viennent fondre sur moi,
Dans le mortel effroi dont mon âme est atteinte,
Qui la consolera, Seigneur, si ce n'est toi ?

Sur terre, nul appui ! tout manque, ou nous délaisse,
Mais ceux à qui la foi révèle tes bienfaits
Savent qu'ils ont aux cieux l'ineffable tendresse
D'un ami qui n'oublie et qui ne meurt jamais !

O divin protecteur, dissipe cet orage,
Qui s'avance terrible, et gronde autour de moi ;
Ou, s'il doit éclater, donne-moi du courage,
Redouble dans mon âme et l'amour et la foi !

Seigneur, en te priant, une douce espérance,
Comme un rayon d'hiver perçant un ciel voilé
Vient briller à mes yeux et charmer ma souffrance,
Le cœur qui t'aime et prie est déjà consolé !

O Père ! je le sais, tes rigueurs, tes menaces,
Cachent de ton amour l'adorable dessein ;
Tu reprends le pécheur, le confonds, le terrasses,
Mais pour le relever ensuite dans ton sein !

Ah ! pourquoi donc mon cœur s'alarme-t-il encore ?
Et quel revers si grand peut lui sembler cruel,
Quand par la volonté du maître qu'il adore,
Tout s'accomplit sur terre ainsi que dans le ciel !

Quel que soit mon destin, rigoureux ou prospère,
Dieu clément ! Dieu Sauveur ! c'est toi qui la dicté
S'il faut pour t'obéir vider la coupe amère
Qu'il me soit fait, Seigneur, selon ta volonté !

C'est la croix qui nous fait remporter la victoire,
C'est la croix qui nous mène à l'éternel bonheur,
La palme sans combat serait vaine et sans gloire,
Le repos sans travail n'aurait point de douceur !

Dans le cœur du chrétien l'amour et l'espérance
Mêlent à la douleur un céleste plaisir ;
Souffrir pour ce qu'on aime est une joie immense,
Que toi-même, ô Seigneur, as voulu ressentir !

Oui, l'ange radieux à l'homme porte envie,
L'homme possède un bien qui rend le ciel jaloux,
C'est de pouvoir souffrir, pleurer, donner sa vie,
Pour le Dieu qui souffrit et qui mourut pour nous !

# LE SECOURS DE MARIE

—

Quand du ciel se ternit l'azur,
Quand l'orage s'amasse et gronde sur nos têtes,
O vous dont le sourire apaise les tempêtes,
Dont le regard divin rend le ciel calme et pur,
Des pauvres nautoniers protectrice chérie,
Étoile de la mer, secourez-nous, Marie !

Lorsque dans le triste chemin,
Qu'il nous fait parcourir pour remplir l'existence,
Nous chancelons, brisés, sans trouver une main
Qui veuille nous prêter la plus faible assistance,
Quand il n'est point d'ami pour prendre la moitié
Du fardeau de douleurs dont notre âme est meurtrie,
O source de tendresse ! ô mère de pitié !
Soutien des affligés, consolez-nous, Marie !

Quand des enfers l'esprit affreux
Veut exciter en nous de criminelles flammes,
Quand l'ennemi cruel, pour abuser nos âmes,
Sous l'aspect du plaisir cache ses traits hideux,
Vous, de l'esprit du mal invincible ennemie,
Vous, dont le cœur sans tache est plus pur que les cieux,
O reine des vertus, défendez-nous, Marie !

Quand du ciel la juste rigueur,
De terribles fléaux nous frappe et nous accable,
Qui donc, si ce n'est vous, mère du Créateur,
Saura fléchir pour nous le juge redoutable ?
O du Sauveur mourant cher et suprême don,
O vous qu'il nous légua, dans sa bonté chérie,
Comme un divin moyen de ravir son pardon,
Refuge des pécheurs, priez pour nous, Marie !

Oh ! non, jamais ce n'est en vain,
Qu'en la plus tendre mère on met sa confiance,
Jamais on ne manqua de cet appui divin,
En invoquant ce nom, doux comme l'espérance !
O modèle sacré de l'amour maternel !
Veillez encor sur nous à la fin de la vie,
Et dans l'heureux séjour du triomphe éternel
Que votre douce main nous conduise, Marie !

# LE MOIS DE MARIE

—

O jours saints et charmants ! fête délicieuse,
Qui fait battre le cœur d'un plaisir doux et pur !
L'autel a revêtu sa pompe gracieuse,
Ses blancs festons de fleurs et ses voiles d'azur !

Des fidèles bientôt la troupe est réunie,
Par un attrait divin les cœurs purs et pieux,
Se rassemblent au nom de la Vierge bénie,
Et confondent leurs chants, leurs soupirs et leurs vœux.

D'autres viennent aussi remplir l'auguste enceinte,
Ils n'ont pas de la foi les divines ardeurs ;
Ils sentent cependant parmi la pompe sainte
Quelque chose qui touche et qui ravit leurs cœurs !

Pour fixer cette foule émue et recueillie,
Ces lieux ont de si doux et si puissants attraits !
L'air qu'on respire au pied des autels de Marie,
Est embaumé d'amour, d'innocence et de paix !

C'est là que l'affligé vient chercher l'espérance,
Le fidèle, un suave et céleste bonheur,
Le pécheur repentant, la nouvelle innocence,
Que ce souffle du ciel fait revivre en son cœur !

1.

Et tous, les yeux fixés sur une sainte image,
Qui de son piédestal domine le saint lieu,
Offrent de leur amour le tendre et doux hommage,
A leur mère chérie, à la mère de Dieu !

Oui, le Christ l'a voulu, sa mère est notre mère,
Implorant Dieu pour nous et calmant nos douleurs,
Désarmant de son Fils la trop juste colère,
Et répandant sur nous les célestes faveurs !

Ce divin Fils remet à sa mère chérie,
Le trésor des bienfaits, des grâces, des vertus,
Afin qu'étant donné par la main de Marie,
Le bonheur du ciel même ait un charme de plus !

## SAINTE GENEVIÈVE

—

Des prés et des vallons de notre belle France,
Jadis la plus aimable et la plus douce fleur,
Était une bergère au cœur plein d'innocence,
Qui gardait ses troupeaux en priant le Seigneur.

Lorsque parmi les fleurs de la prairie,
Conduisant ses brebis elle venait s'asseoir,
Les anges, la prenant pour une sœur chérie,
Invisibles gardiens, se plaisaient à la voir.
En tournant ses fuseaux, pensive et solitaire,
Son esprit ne songeait qu'à l'amour éternel,
Et ses yeux, abaissés chastement vers la terre,
Ne se levaient parfois que pour chercher le ciel !
Le soleil radieux, les oiseaux, la verdure,
Tous ces objets charmants lui parlaient du Seigneur,
Et parfois, élevant sa voix suave et pure,
Dans un hymne d'amour elle épanchait son cœur !

Et c'est elle pourtant, la douce jeune fille,
Qui préserva Paris des fureurs d'Attila !
Malheur ! s'écriait-on, il accourt, le voilà,
A nos regards déjà son glaive brille !

Geneviève a prié, dissipez cet effroi !
A sa touchante voix les frayeurs sont calmées,
L'espoir renaît au sein des cités alarmées,
 On voit fuir le sauvage et redoutable roi ;
Que peut un conquérant, que peuvent des armées
  Contre la prière et la foi ?

 Par ta prière seule, ô douce Geneviève,
Tu sauvas ton pays d'un cruel oppresseur.
Plus tard, une autre sainte, à la voix du Seigneur,
Pour chasser l'ennemi prit en sa main le glaive !
O Vierges que le ciel fit descendre vers nous !
Toutes deux, du Très-Haut vous étiez inspirées,
Toutes deux, des Français vous êtes révérées,
Et l'on se dit, songeant à chacune de vous

« Des champs et des cités de notre belle France »,
Jadis, le plus puissant, le plus sûr défenseur,
Était une bergère au cœur plein d'innocence,
Qui maintenant aux cieux, dans une gloire immense,
Protège encor la France en priant le Seigneur !

# A SAINT JOSEPH

—

O Joseph, qu'il fut grand et divin, ton bonheur,
Lorsque tu méritas cette faveur immense
De porter dans tes bras, de serrer sur ton cœur
Le Fils de Dieu caché sous les traits de l'enfance !
Lorsqu'il te souriait, assis sur tes genoux,
Ce Maître souverain du ciel et de la terre,
Et qu'en fixant sur toi le regard le plus doux,
Formant ses premiers mots, il te disait : « Mon père ! »

Aussi, dans l'univers, combien de cœurs pieux
Pénétrés de respect et d'une foi profonde,
Te conjurent souvent de présenter leurs vœux
Au Seigneur qui voulut t'obéir en ce monde.
Des familles surtout, bienfaisant protecteur,
C'est toi qui des parents es l'ami tutélaire,
Et les petits enfants priant avec ferveur,
Vers toi tendent les mains en te disant : « Mon père ! »

# LE CŒUR DE MARIE

Il est dans l'univers un vivant sanctuaire
Que le Seigneur des cieux lui-même s'est formé,
C'est là des malheureux l'asile tutélaire,
C'est là du Tout-Puissant le temple bien-aimé,
De ce temple jamais la splendeur n'est ternie,
Chef-d'œuvre immaculé de l'éternel amour,
De toutes les vertus c'est l'aimable séjour,
Car c'est le cœur sacré de l'auguste Marie
Plein des grâces du ciel et plus pur que le jour !

La grâce le remplit d'une bonté suprême,
En lui donnant pour Dieu d'ineffables ardeurs !
Qui de nous, s'adressant à ce cœur qui nous aime
N'a pas senti la paix succéder aux douleurs ?
Oui, c'est bien du Sauveur la demeure chérie,
Le parfum ravissant fait deviner la fleur !
A ces trésors d'amour, de bonté, de douceur,
Qui nous sont prodigués par le cœur de Marie,
On reconnaît Jésus qui respire en ce cœur !

Lorsque, pour expier les crimes de la terre,
Sur la sanglante croix mourait le Rédempteur,
Le cœur immaculé de la divine Mère
Offrait pour nous sauver son immense douleur !

O miracle sublime ! ô tendresse infinie !
Ce Dieu qui s'immolait pour nous délivrer tous
Dans ces moments sacrés, si cruels et si doux,
Lorsque le glaive entrait dans le cœur de Marie,
Nous la donna pour mère en expirant pour nous !

Ici-bas tant d'amour est dans un cœur de mère !
Mais il ressent pour nous plus de tendresse encor,
Ce cœur qui fut rempli d'une souffrance amère,
Et comme le Sauveur aima jusqu'à la mort !
D'une source du ciel qui n'est jamais tarie
Il épanche sur nous les flots consolateurs,
Espérez, affligés ! relevez-vous pécheurs !
Dieu répand plus d'amour dans le cœur de Marie
Que l'univers entier n'eut jamais de douleurs

## LA SOURCE DE VIE

—

Il est, ô voyageurs, dans ce désert aride
Où vous traînez vos pas, lassés et chancelants,
Une verte aosis, une source limpide
Versant parmi les fleurs ses filets ruisselants.

Séjour délicieux, tranquille et solitaire,
Où les fruits les plus doux naissent auprès des fleurs,
Source dont le flot pur, suave et salutaire,
De la fièvre brûlante apaise les ardeurs !

Venez vous reposer à l'ombre bienfaisante
De ces arbres touffus qui croisent leurs rameaux,
Venez vous rafraîchir avec l'eau jaillissante,
Avec ces fruits divins qui calment tous les maux.

Souvent par une triste et folle indifférence,
Sans voir ce doux refuge on passe tout auprès,
On recherche plutôt (funeste préférence !)
D'un prestige maudit les perfides attraits !

Abusé, fasciné par le fatal mirage
Dont l'aspect éblouit l'imprudent voyageur,
On poursuit, haletant, une trompeuse image,
Et l'on ne trouve rien que fatigue et douleur !

Mais vous, amis, venez sous cet aimable ombrage
Goûter un doux repos et d'innocents plaisirs,
Et bientôt vous pourrez, pleins d'un nouveau courage,
Atteindre la patrie, objet de vos désirs !

Voyageurs qui suivez le chemin de la vie !
Chacun de vous entend ce consolant appel,
Quand la Religion vous presse et vous convie
En vous disant : « Chrétiens, venez au saint autel ! »

C'est là que vous attend Celui dont la tendresse
Redit encor ce mot à jamais adoré :
« O vous qui gémissez, que la fatigue oppresse,
Venez tous près de moi ! je vous soulagerai ! »

## L'EXIL

—

O combien de paix et de joie
On goûte à l'ombre du saint lieu,
Où l'amour céleste déploie
Les plus riches présents de Dieu !
Loin de ce doux séjour depuis longtemps bannie
Dans l'exil, chaque jour, je dis avec douleur,
« Que ne puis-je revoir cette enceinte bénie,
Et que ne suis-je au pied des autels du Seigneur ! »

Je crois souvent revoir encore
Des fêtes l'éclat radieux,
Lorsque le temple se décore
De festons, de fleurs et de feux ;
Lorsque l'encens répand son odeur enivrante,
Et que l'on voit de loin rayonner de splendeur
A travers les vapeurs de la nue odorante,
L'or des vases sacrés sur l'autel du Seigneur !

Mais pourtant ces pompes si belles
Pour la foi ne sont rien encor
Au sein des plus pauvres chapelles
Se trouve son divin trésor !
O doux trésors cachés au fond des tabernacles !
Heureux qui devant vous s'incline avec ferveur,
Heureux celui qui voit le plus saint des miracles
S'accomplir chaque jour sur l'autel du Seigneur !

C'est là que ton amour extrême,
Seigneur, accorde aux cœurs pieux
L'extase du bonheur suprême
Qui n'a d'égal que dans les cieux !
Du présent adoré que l'ange nous envie
Heureux qui peut goûter la célesté douceur,
En venant s'abreuver à la source de vie
Qui découle pour nous de l'autel du Seigneur.

Si du saint temple sur la terre
Le malheur m'éloigne toujours
Si dans ma prison solitaire
Doivent finir mes tristes jours,
Que bientôt, Dieu puissant, mon âme délivrée
Abandonne à jamais ce séjour de douleur,
Et s'envole, de joie et d'amour enivrée,
Vers ce temple éternel où tu règnes, Seigneur !

# AMOUR DIVIN

Il est doux de l'aimer, celui dont la puissance
Nous tira du néant et daigna nous former !
Créateur bienfaisant, aimable Providence,
Ami dont la tendresse est fidèle, est immense...
     Il est doux de l'aimer !

Il est doux de l'aimer ! De quelle ardeur extrême
En regardant la croix je me sens enflammer !
Que ne puis-je pour vous, Seigneur, mourir de même,
Mais du moins, pour répondre à votre amour suprême,
     Ah ! je veux vous aimer !

Quel suave bonheur, quelle paix salutaire
Viennent remplir le cœur que Jésus sait charmer !
Quand il s'unit à nous dans un sacré mystère,
On sent que rien n'égale au ciel et sur la terre
     Le bonheur de l'aimer !

Trésor divin caché dans un fragile vase !
Puissions-nous ici bas pour lui nous consumer,
Et redire à jamais, dans l'éternelle extase,
Avec les séraphins que son amour embrase :
     Il est doux de l'aimer !

## LOUANGE A MARIE

Je veux toujours louer Marie,
Et de son nom remplir mes chants,
Jamais d'une mère chérie
Le nom lasse-t-il ses enfants?
Jamais, pour la Reine des anges,
Nous n'aurons, jusqu'au dernier jour,
Dans nos chants assez de louanges,
Et dans nos cœurs assez d'amour !

Mais de sa gloire éblouissante
Comment célébrer la splendeur?
De sa tendresse bienfaisante
Comment exprimer la douceur?

De quel éclat Dieu l'a parée !
O combien de grâce et d'amour
Dans l'âme qu'il a préparée
Pour s'en faire un digne séjour !

De Saron la plaine fleurie
Resplendit de mille couleurs
Toutes les vertus dans Marie
Unissent ainsi leurs splendeurs

Sans faner la fleur embaumée
Le fruit d'or mûrit à côté ;
Du Christ la mère bien aimée
Garde la fleur de pureté

Elle naquit sainte, innocente,
De l'enfer bravant les fureurs
Ainsi la pierre étincelante
Résiste aux brasiers destructeurs.

Par sa glorieuse innocence
Elle est Reine des séraphins ;
Elle veut bien, dans sa clémence,
Être la mère des humains !

Elle aime d'un amour fidèle
Les cœurs purs chéris par son fils ,
Comme lui, la Vierge immortelle
Se complaît au milieu des lis !

Elle est le céleste refuge
Des affligés et des pécheurs,
Des pécheurs implorant le juge,
Des affligés séchant les pleurs !

Elle veille sur l'innocence
Elle soulage la douleur,
Elle fait briller l'espérance,
Et même à l'éternel bonheur !

A rêver la bonté suprême,
Mettez vos efforts, votre soin,
De cette Mère qui vous aime
Votre rêve est encore bien loin !

Servons la bien toute la vie
Donnons-lui bien tout notre cœur !
L'amour de la douce Marie
Nous promet l'amour du Seigneur !

C'est un divin moyen de plaire
Au Sauveur, au maître adoré,
Qui dit, en nous donnant sa mère,
De ses bontés gage sacré :

« Jamais, pour la Reine des anges,
Vous n'aurez, jusqu'au dernier jour,
Dans vos chants assez de louanges,
Et dans vos cœurs assez d'amour ! »

## L'ÉTOILE DES MERS

—

Voguant seule et dans l'ombre,
Je ne vois devant moi
Que la mer vaste et sombre
Où réside l'effroi ;
Sans guide, sans défense,
Seule dans l'univers,
Je mets mon espérance
Dans l'étoile des mers !

Elle rend le courage
Et ranime l'espoir !
Perçant les nuits d'orage
Ou les brumes du soir,
Une lumière amie
Vient briller dans les airs
C'est la clarté bénie
De l'étoile des mers !

Cette clarté si pure
Si pleine de douceur
Répand sur la nature
La paix et la fraîcheur.

Les orages terribles
Expirent dans les airs
Sous les rayons paisibles
De l'étoile des mers !

Toujours cette lumière
Qui dissipe l'effroi
Répond à la prière
Qui l'invoque avec foi ;
Aucun péril n'étonne
Parmi les flots amers
Celui qui s'abandonne
A l'étoile des mers !

Elle est pour ma nacelle
Un divin conducteur,
Les yeux fixés sur elle
Je parcours sans terreur
Cette mer si perfide,
Pleine d'écueils divers :
J'ai mon céleste guide
C'est l'étoile des mers.

Astre que Dieu fait luire
Pour tous les malheureux,
Ah ! daigne me conduire
Au séjour glorieux ;
Au sein de la victoire,
Dans les divins concerts,
Je chanterai ta gloire,
Douce étoile des mers !

## LES FLEURS DE MARIE

—

Tout sourit sur la terre ainsi que dans les cieux,
Le souffle du printemps fait refleurir la plaine,
C'est dans ce mois charmant que tous les cœurs pieux
Fêtent de l'univers l'aimable souveraine !
A parer ses autels employons nos efforts,
Offrons-lui les tributs de la saison fleurie,
De nos champs à ses pieds versons les doux trésors
  Apportons des fleurs pour Marie !

Mêlons aux doux concerts, aux chants harmonieux
Le nom pur et sacré de notre aimable mère,
Redoublons de ferveur et d'hommages pieux,
N'oublions pas surtout le cher et saint Rosaire !
Couronne qui parait autrefois les martyrs
Prêts à franchir le seuil de l'éternelle vie,
Et qui sert à compter nos vœux et nos soupirs,
  Saintes fleurs que bénit Marie !

Mais qui charme surtout son amour maternel ?
Ah ! ce sont les vertus, riche et suave offrande !
Pour couronner ses fils au parvis éternel
Avec joie elle forme une sainte guirlande ;
Chaque œuvre de vertu qu'inspire la ferveur
Comme une fleur céleste est par elle accueillie,
Oh ! tâchons d'obtenir le suprême bonheur
  En donnant des fleurs à Marie !

Pleurs d'amour répandus en priant le Seigneur,
Plaisirs foulés aux pieds, offenses qu'on pardonne
Tendres soins prodigués pour calmer la douleur
Sont d'immortéls fleurons de la sainte couronne !
Oh ! si vous désirez la recevoir un jour,
Et bénir dans les cieux votre mère chérie,
Aimez, priez, vivez d'innocence et d'amour ;
   Ce sont des fleurs que veut Marie !

# MARIE IMMACULÉE

—

Son front environné d'étoiles
Brille d'un éclat radieux ;
L'azur si doux d'un ciel sans voiles
A moins de charmes que ses yeux !
Les anges éblouis admirant son sourire
Et ses regards divins rayonnant de candeur
Dans leurs hymnes d'amour se plaisent à redire :
Elle seule est sans tache aux regards du Seigneur !

Son étincelant diadème
C'est la divine pureté,
Cet éclat glorieux, suprême,
C'est l'amour et la charité
Écrasant sous ses pieds la tête menaçante
Du serpent odieux qui commande aux enfers,
La Reine des vertus, sereine et triomphante
Étend sa douce main pour bénir l'univers !

O toi que l'Eternel couronne
Et qu'il revêt de sa splendeur,
Soutien que sa bonté nous donne
Doux refuge, espoir du pécheur,
Reine, dont le secours puissant et salutaire
Brise nos ennemis et fait tomber nos fers,
Triomphe dans les cieux ainsi que sur la terre,
En foulant sous tes pieds le tyran des enfers !

FIN DU I<sup>er</sup> LIVRE.

# IIe LIVRE

—

## JÉSUS PARMI NOUS

—

Que n'ai-je vu le jour aux champs de la Judée,
Dans ces temps merveilleux de grâce et de bonheur,
Où par les cieux cléments la terre fécondée
    Enfanta son Sauveur !

Quand, devenu mortel pour nous donner sa vie,
Le Seigneur traversait le séjour d'ici-bas,
Quel bonheur de le voir ! quelle joie infinie
    De suivre tous ses pas !

De l'entendre lui-même, assis sur la colline
Lorsque vers lui la foule accourait aux déserts,
Proférer ces discours dont la vertu divine
    A changé l'univers

Bienheureux ces enfants conduits en sa présence,
Et qui par lui reçus avec tant de douceur.
Ont senti sur leurs fronts couronnés d'innocence
    Le baiser du Seigneur !

Un seul de ses regards charmait l'âme navrée,
Dans son divin sourire en découvrait le ciel,
La grâce découlait de sa bouche adorée
    Comme des flots de miel.

2.

Qu'ils étaient beaux ces jours où la Samaritaine
D'un langage divin savourant la douceur,
Interdite et ravie, auprès de la fontaine
    Écoutait le Seigneur !


Marthe, combien ton sort était digne d'envie,
Quand tu servais Jésus, prévenais ses besoins,
Lorsque au maître du monde, à l'auteur de ta vie
    Tu prodiguais tes soins !


Et toi, si chère au cœur de cet ami **suprême**,
O pieuse Marie ! heureuse mille fois,
D'oublier à ses pieds l'univers et toi-même,
    En écoutant sa voix !


Que n'ai-je tressailli de crainte et de délice
Dans ce dernier banquet si terrible et si doux,
A ces mots du Seigneur : « Voici, dans ce calice, »
    « Mon sang livré pour vous ! »


J'aurais même voulu jusque sur le Calvaire
Accompagner Marie et Madeleine en pleurs,
Et quand Jésus mourait pour racheter la terre
    Partager leurs douleurs !


Et dans le jour sacré marqué pour sa victoire,
Quel immense bonheur, quel sublime transport
En voyant le Seigneur resplendissant de gloire
    Et vainqueur de la mort !

En repassant, chrétiens, dans votre âme ravie
De ces jours glorieux le mémorable cours,
Ne vous semble-t-il pas qu'on donnerait sa vie
    Pour un seul de ces jours ?

Non, ne regrettez plus ces temps pleins de miracles
Du Dieu que vous servez l'amour est immortel,
Et ce maître des cieux, du fond des tabernacles
    Vous convie à l'autel !

# L'ADORATION

—

Donnez à pleines mains les fleurs et les offrandes,
Entourez cet autel de festons, de guirlandes,
Que l'or, y déployant son éclat somptueux,
Des cierges allumés réfléchisse les feux !
Lévites du Seigneur ! dans un profond silence,
Environnez l'autel, courbés sur ses degrés,
Et lorsque les pasteurs forment les chants sacrés
Qu'en vos mains l'encensoir doucement se balance !
Que l'orgue, réveillant les échos du saint lieu,
Répande au loin des flots de suave harmonie,
Cet autel (ô merveille ! ô clémence infinie !)
   Est le trône de Dieu.

Qui pourra dignement célébrer tes louanges,
Triomphe de l'amour, chef-d'œuvre du Seigneur,
Repos délicieux offert au voyageur,
Doux festin, où le pauvre accablé de douleur,
Vient se fortifier avec le pain des anges !
   O source de lait et de miel,
Jaillissant au milieu du désert de la vie,
Où l'âme, de tendresse et de bonheur ravie,
Savoure, en s'abreuvant, les délices du ciel !

O gage le plus cher d'une tendresse immense !
Qu'il est heureux, Seigneur, celui qui suit ta loi,
Quand tu ravis son cœur par ta douce présence !
Il sent doubler alors son amour et sa foi,
Et dans l'extase sainte où son âme s'élance.
Il ne se souvient plus de sa propre existence,
    Que pour songer qu'elle est à toi.

# MARIE-MADELEINE

—

Quand de plaisirs trompeurs je vivais enivrée,
Le dégoût, le remords empoisonnaient mes jours,
Mais vers le Rédempteur en secret attirée,
De ce maître divin j'entendis les discours.
Alors je m'écriai, d'un saint transport ravie,
Fuyez, objets menteurs dont ce cœur fut charmé,
Pour moi, va commencer une nouvelle vie,
    Car j'ai trouvé le bien-aimé ! »

Sous les regards moqueurs d'une foule implacable,
Tombant aux pieds du Christ, de pleurs je les couvrais,
Quand j'entendis ces mots de sa bouche adorable :
« Tout vous est pardonné, ma fille, allez en paix ! »
O céleste bonheur, parole salutaire
Qui rafraîchit mon cœur comme un souffle embaumé !
Je n'eus d'autre bonheur désormais sur la terre.
    Que d'être aux pieds du bien-aimé !

Hélas ! bientôt après, en soutenant Marie,
Je gravissais le mont où Jésus s'immola !
L'insensible nature alors fut attendrie,
La terre s'entr'ouvrit, et le ciel se voila !
O divin sacrifice ! ô cruelles souffrances !
Dans quels flots de douleur mon cœur fut abîmé
Alors que sur la croix, pour nous, pour mes offenses,
    J'ai vu mourir le bien-aimé !

Par l'excès des douleurs confondue, égarée,
Oubliant du Seigneur le souverain pouvoir,
Je le cherchais en vain dans la tombe sacrée,
Alors que triomphant nous allions le revoir !
« Oh ! rendez-moi du moins sa dépouille chérie !
Que j'arrose de pleurs ce corps inanimé !
Soudain sa voix m'appelle en me disant :  « Marie ! »
        J'ai retrouvé le bien-aimé !

Ainsi que mes amis remplis d'un saint courage,
Pour Jésus je bravai la mort et les tourments ;
La Gaule nous reçut, sauvés par le naufrage,
Les flots ayant trompé la fureur des tyrans !
Le martyre est fini, l'apostolat commence ;
Par un zèle nouveau mon cœur fut enflammé,
Et ma voix fit connaître aux peuples de Provence
        Le nom divin du bien-aimé !

Maintenant, par les maux et par l'âge épuisée,
Étrangère aux humains je vis dans les déserts
Mon cœur n'a qu'un désir, mon âme une pensée,
C'est de revoir mon Roi, le Roi de l'univers !
Mais bientôt finira ce long pèlerinage,
Bientôt, fuyant ce corps de douleurs consumé,
Mon âme s'envolant vers l'éternel rivage
        Y reverra le bien-aimé !

# A SAINTE ANNE

—

Oui, ton bonheur est grand, le Seigneur t'a bénie !
Cette famille sainte et qui renferme un Dieu,
Ces êtres bien-aimés, Jésus, Joseph, Marie,
Qu'on bénit, qu'on révère, et qu'on prie en tout lieu ;
Ces objets de l'amour du ciel et de la terre,
Dans la gloire suprême à jamais triomphants,
Anne, jetant sur eux un doux regard de mère,
Tu leur dis : « Mes enfants ! »

# A LA MÊME

—

Salut, fille des rois, aïeule de Jésus,
Qui vécus ici-bas, humble, pauvre, ignorée
Et qui règnes aux cieux, de splendeur entourée.
De ta maternité l'auréole sacrée
Se joignant à l'éclat de tes saintes vertus !
A l'arbre de David, par la bonté suprême,
Un rejeton nouveau vint rendre la vigueur ;
La racine, c'est toi, l'aïeule du Seigneur,
La tige, c'est Marie, et la fleur, c'est Dieu même !

## JÉSUS-MARIE

Il est un nom sacré, terrible et salutaire,
Les délices du ciel, la terreur des enfers,
L'espoir et le soutien des enfants de la terre ;
C'est celui de Jésus, sauveur de l'univers !

Il est un nom divin qui dans l'âme charmée
Répand la douce paix et l'amour des vertus ;
Plus suave et plus pur que la brise embaumée
C'est ton nom, ô Marie, ô mère de Jésus !

O noms chers et sacrés de Jésus, de Marie !
Vous avez la douceur d'un miel délicieux !
Baume des cœurs blessés, parfum qui rend la vie,
Vous nous donnez sur terre un avant-goût des cieux !

Au tendre et faible enfant essayant l'existence,
Apprenons-les, ces noms qu'il doit bénir un jour !
Ils sauveront du mal son aimable innocence,
En parfumant son cœur et de grâce et d'amour !

Regardez cette vierge ébranlée, attendrie,
C'est un lis par l'orage un instant agité !
Elle redit les noms de Jésus, de Marie...
Le lis a conservé toute sa pureté !

Le noir démon s'enfuit, la foi renaît dans l'âme
En invoquant ces noms si remplis de douceur,
L'espoir brille à nos yeux, et l'amour, sainte flamme,
De ses divins rayons réchauffe notre cœur !

Quand à la voix de Dieu Jeanne sauva la France,
Ces noms étincelaient sur son drapeau béni,
Rappelant aux guerriers la céleste puissance,
Ils donnaient la victoire et chassaient l'ennemi !

Sur le bûcher terrible, à son heure dernière,
Jeanne les invoquait ! Les Anglais éperdus
Virent se dessiner en lettres de lumière
Au-dessus du bûcher le saint nom de Jésus !

A combien de martyrs, au milieu des supplices,
Ces noms chers et sacrés ont prêté leur secours ?
Leur promettant le ciel après le sacrifice,
Et l'éternel bonheur au prix de quelques jours !

Ces noms font souvenir que le maître du monde
Entraîné par l'amour quitta pour nous le ciel,
Qu'il expira pour nous sur une croix immonde
Où le cloua la haine en l'abreuvant de fiel !

Ces noms disent encor que dans cette heure amère
Son amour nous laissa des présents le plus doux ;
Que vous avez là-haut, vous qui souffrez sur terre,
Une mère qui prie et qui veille pour vous !

O Sauveur ! ô ma mère ! ô Jésus ! ô Marie !
Que vos noms à mon cœur sont chers et précieux
Ah ! puissé-je, au moment d'abandonner la vie,
Les prononcer encor pour les redire aux cieux

## MATER AMABILIS

—

Dans l'exil de la vie, où sans cesse à nos yeux
S'offrent les noirs ennuis, le danger, la souffrance,
L'aimable souvenir de la Reine des cieux
Fait renaître en mon cœur la paix et l'espérance
Vers celle qui nous aime et guérit la douleur,
S'élèvent les soupirs de mon âme attendrie,
Et le calme du ciel vient pénétrer mon cœur !
  Qu'il est doux de prier Marie !

Combien sont impuissants les efforts des mortels
Pour louer dignement cette Reine des anges !
Quel bonheur cependant quand au pied des autels
Nous unissons nos voix pour chanter seslouanges !
Quand notre amour pour elle inspire nos accents.
En répétant son nom, suave mélodie,
Les plus simples accords deviennent ravissants
  Qu'il est doux de chanter Marie !

Mais en me rappelant son aimable douceur,
Sa tendresse de mère et sa bonté suprême,
Un seul mot désormais s'échappe de mon cœur,
Un mot cher et sacré; Vierge sainte, je t'aime
Ce mot que Dieu bénit surpasse les attraits
Des hymnes les plus beaux dont notre âme est ravie
Mère, qui du Seigneur nous obtiens les bienfaits,
  Qu'il est doux de t'aimer, Marie !

## AVE GRATIA PLENA

—

Salut, Reine des cieux ! Le Seigneur t'a formée
Pour faire triompher sa douceur, son amour,
Et te comblant de grâce, ô mère bien aimée,
Ton Fils aime à te voir la répandre à ton tour
Vierge que l'Esprit-Saint pour toujours s'est unie
Fille du Tout-Puissant  mère de notre Roi,
Tous les dons que nous fait la clémence infinie
    Viennent à nous par toi !

Oui, ce qui vient de Dieu, c'est ta main qui le donne !
Dans les cieux, les élus par ton secours  vainqueurs,
Sont les astres brillants dont l'éclat t'environne,
Reine qui mets ta gloire à sauver les pécheurs !
Tu leur donnas l'exemple ainsi que la victoire,
O modèle d'amour, d'espérance et de foi !
Il n'est point de vertu, point de grâce, de gloire
    Qui ne rayonne en toi !

C'est trop peu dire encor ! Que l'Eternel rassemble
Des anges et des saints les vertus, les grandeurs,
Et dans un seul foyer fasse briller ensemble
Les rayons immortels de leurs vives splendeurs,
On verra ces splendeurs dont le ciel se décore,
O Vierge glorieuse, image de ton Roi,
Comme un astre  des nuits  sous les feux de l'aurore
    S'effacer devant toi !

## A JEANNE D'ARC

—

Lorsque Dieu vous parla dans la pauvre chaumière
Où vous passiez vos jours, humble et pieuse enfant,
Il vous dit : « Revêts-toi de l'armure guerrière,
Et chasse des Français l'ennemi triomphant !
De nos chefs la valeur mille fois éprouvée
Prodiguáit vainement ses redoutables coups,
Mais Dieu vous envoya, la France fut sauvée !
Maintenant, dans les cieux, Jeanne, priez pour nous !

Un prestige céleste alors vous environne ;
Vous terrassez l'Anglais et sauvez Orléans,
Le Roi, guidé par vous, va ceindre sa courronne,
Bravant les ennemis étonnés et tremblants !
Humble, chaste et fervente au milieu de la guerre,
Des vainqueurs irrités désarmant le courroux,
Vous paraissiez un ange exilé sur la terre !
Maintenant dans les cieux, Jeanne, priez pour nous !

Dieu vous choisit enfin, vierge sublime et pure,
Pour être un holocauste agréable à ses yeux !
Le Français vous oublie, et l'Anglais vous torture,
Des flammes du bûcher vous montez vers les cieux,
Mais les martyrs du Christ que son amour inspire.
Ont pour venger leur mort des châtiments si doux !
Pour prix de vos vertus vous eûtes le martyre !
Maintenant, dans les cieux, Jeanne, priez pour nous !

## SAINT LOUIS

Quand Louis, jeune et beau comme un ange des cieux,
Ceignit des fleurs de lis l'éclatante, couronne
Ses vassaux révoltés, ardents, audacieux,
S'unirent aux Anglais pour ébranler son trône.
Il triompha de tous, et ses fiers ennemis,
Vaincus par sa valeur, bénirent sa clémence ;
Anglais et révoltés s'inclinèrent soumis,
    En révérant le Roi de France !

Mais bientôt, rassemblant ses guerriers valeureux,
Il partit avec eux pour le lointain rivage,
Où des Français vaincus, des chrétiens malheureux,
Portaient en gémissant le poids de l'esclavage ;
Et ces vaillants guerriers, dans leur sublime adieu,
Disaient, en saisissant la rondache et la lance ;
« Qui défendra le faible et qui servira Dieu,
    Si ce n'est pas le Roi de France ? »

Quand Louis fut captif des Sarrasins vainqueurs,
Ce Roi les désarma par sa grandeur suprême ;
Admirant son courage, oubliant leurs fureurs,
Ils lui voulaient offrir leur sanglant diadème !
Ils se disaient, songeant à recevoir la loi
Du captif que le sort livrait à leur puissance ;
« Il n'est dans l'univers de héros ni de roi
    Aussi grand que le Roi de France ! »

Il revint sur nos bords, et ses peuples aimés
Ont béni chaque jour de son règne prospère.
Terrible aux oppresseurs, soutien des opprimés,
Il fut de ses sujets et l'arbitre et le père.
Et quand il retourna dans le fatal pays
Qui devait voir finir cette noble existence,
Il succomba, martyr, en disant à son fils
     De servir Dieu, d'aimer la France

Hélas! si loin de nous déjà sont envolés
Ces temps dont nous cherchons à garder la mémoire!
Comme un écho lointain des siècles écoulés
Arrivent jusqu'à nous ces souvenirs de gloire!
Mais il n'est pour les saints point d'oubli, de trépas,
Louis est dans les cieux, vivant, plein de puissance,
Roi, jadis notre appui, notre gloire ici-bas.
     Veillez toujours sur notre France!

# UN SEUL CŒUR

—

> Les filles de la Visitation auront pour armes un cœur unique percé de deux flèches, enfermé dans une couronne d'épines, surmonté d'une petite croix, et portant les noms de Jésus et Marie.
>
> (Saint François de Sales.)

Quel est-il donc, ce cœur, où s'enfoncent deux glaives,
Des filles de Chantal mystérieux blason,
Entrevu par François parmi les plus doux rêves
Comme un gage de paix, d'espoir et de pardon ?
J'y vois briller les noms de Jésus, de Marie,
C'est l'amour infini, la suprême douceur,
Le cœur de notre Dieu, de sa mère chérie,
Car Marie et Jésus n'ont plus qu'un même cœur !

Oui, Dieu voulut s'unir avec sa créature,
Avec l'homme exilé, malheureux et mortel,
Et parmi les pécheurs une âme sans souillure
Du Dieu qui l'a choisie a reconnu l'appel !
Marie a répondu, par un amour suprême,
A l'amour sans limite offert par le Seigneur,
Et le Verbe divin, qui s'est offert lui-même,
Et la fille d'Adam, n'ont plus qu'un même cœur !

3

C'est le centre divin, c'est le foyer de vie
Répandant les ardeurs de l'amour éternel !
Nos vœux et nos soupirs sont offerts par Marie,
Et Jésus lui répond par les grâces du ciel !
L'orgueilleux va se perdre, ignorant ce mystère
Dans les sentiers glacés et la nuit de l'erreur,
L'humble et pieux croyant se ranime et s'éclaire,
Aux bienfaisants rayons qui partent de ce cœur !

Partout il fait sentir sa bonté souveraine,
En célestes plaisirs il change la douleur,
Il abaisse l'orgueil, il désarme la haine
Rend le courage au faible et la grâce au pécheur !
Il fut ouvert pour tous lorsque sur le Calvaire
La lance déchira le flanc du Rédempteur,
Et s'adressant au Fils, frappait aussi la mère,
Car la mère et le Fils n'avaient plus qu'un seul cœur !

Cœur sacré cœur divin ! pourquoi donc ces épines?
Dont le cercle cruel vous environne encor,
Après que le triomphe et les splendeurs divines
Ont remplacé pour vous les horreurs de la mort ?
Ah! je comprends, hélas ! d'où vient cette ouffrance,
En vous la charité prolonge la douleur ;
O pécheurs insensés ! chaque nouvelle soffense
Cause un nouveau tourment qui déchire ce cœur !

Ah ! c'est dans la douleur que l'amour se déploie,
Ceux qui savent aimer doivent savoir souffrir,
Souffrir pour ce qu'on aime ! inexprimable joie
Que le Maître des cieux a voulu ressentir !

Aussi la croix paraît dans ce touchant emblème,
Ne l'avez-vous pas dit, adorable Sauveur ;
Cette croix est l'attrait invincible et suprême
Que pour vous rendre à moi doit employer mon cœur

Attirez-nous vers vous, foyer d'amour immense,
Seul espoir de nos cœurs dans l'exil d'ici-bas !
Unissez-les à vous par la foi, l'innocence,
L'amour victorieux plus fort que le trépas !
O Christ ! réalisez l'ineffable prière
De vos derniers adieux si remplis de douceur,
Et vos heureux enfants, au séjour de lumière,
Avec leur mère et Dieu n'auront plus qu'un seul cœur !

# L'ANGE GARDIEN

Lorsque les faux biens de la terre
Font briller leur éclat trompeur,
Quelle voix douce et tutélaire
Me dit, parlant au fond du cœur :
    Ils ne sont rien
Près de Dieu, bien suprême ;
    « Aime-le bien,
    Ce Dieu qui t'aime ! »
J'écoute, et je dis en moi-même :
    « C'est mon soutien,
    L'ange gardien ! »

Quand, sous le poids de la souffrance,
Je sens mes forces chanceler,
Qui donc, ranimant ma constance
Vient ainsi tout bas me parler :
    « Combats encor,
    « L'éternité s'avance,
    « Après l'effort,
    « La récompense ! »
C'est bien lui, je sens la présence
    De mon soutien,
    L'ange gardien !

Quand une lâche et noire injure
M'irrite et cause ma douleur,
L'ange vient guérir ma blessure
Versant le baume dans mon cœur !
 « Quoi, du courroux
  Quand Jésus et Marie
   Furent si doux
   Toute la vie !
Imite-les, pardonne et prie ! »
  Dit mon soutien,
   L'ange gardien !


Le monde ingrat nous abandonne
Sous les coups de l'adversité,
Mais cet ami que Dieu nous donne,
Est toujours à notre côté.
 « A mon appui,
  Dit-il, Dieu te confie,
   Comme aujourd'hui,
   Toute la vie,
En tous lieux tu seras suivie,
  Par ton soutient,
   L'ange gardien ! »


Ah ! lorsque je verrai, tremblante,
L'éternité s'ouvrir pour moi,
Que cette voix douce et touchante
Me dise alors : « Sois sans effroi !

Viens, dis adieu,
Au séjour de misère,
Vers notre Dieu
Et vers sa mère
Sois conduite en quittant la terre
Par ton soutien,
L'ange gardien ! »

## LE RÊVE DE L'INFANTE

—

L'infante sur son lit est à demi couchée,
A l'heure de midi cherchant un doux repos ,
La tête sur son sein négligemment penchée,
Elle pense, elle rêve, et murmure ces mots .

« Je brille auprès d'un trône, et je n'ai point d'égale,
On admire mon sort et mon rang élevé,
Mais je vois qu'ici-bas tout est froid, triste et pâle,
Et je n'y trouve rien de ce que j'ai rêvé !

« Je voudrais des palais dont la splendeur extrême
Des cieux éblouissants imitât les splendeurs
Je voudrais des concerts dont la douceur suprême
Et les accents divins raviraient tous les cœurs !

« Et je voudrais surtout, hélas ! être chérie,
Par un cœur noble et pur, objet de mes souhaits,
Je voudrais qu'on m'aimât jusqu'à donner sa vie,
Et qu'un si grand amour ne s'éteignît jamais ! »

Mais tandis qu'elle rêve, ô merveille ! ô surprise !
Elle entend une voix qui lui parle tout bas :
« Ce bonheur infini dont ton âme est éprise,
Il est là, tu le vois, et tu n'y songes pas ! »

Un rayon de soleil en même temps pénètre,
Montrant le crucifix non loin d'elle placé !
Elle tombe à genoux devant le divin Maître,
Les yeux mouillés de pleurs et le cœur oppressé :

« Ah ! pardonnez,  dit-elle, à ma triste folie
Vous que je veux aimer sans partage et retour,
Car vous êtes la gloire et vous êtes la vie,
Vous êtes la splendeur et vous êtes l'amour ! »

Elle quitta la cour et sa pompe éclatante,
Voulant avec le Christ former un doux lien,
De tous les malheureux elle fut la servante,
Et, vierge du Seigneur vécut faisant le bien !

Les anges l'ont portée, à son heure suprême,
Dans les cieux rayonnants de gloire et de splendeurs,
En formant des concerts dont la douceur extrême
Et les divins accents ravissaient tous les cœurs ;

Et pour l'éternité son âme est réunie
A Jésus , son époux, l'objet de ses souhaits,
A celui qui l'aima jusqu'à donner sa vie,
Et dont l'immense amour ne s'éteindra jamais !

# LE CŒUR DE JÉSUS

—

Salut, cœur adorable où nous trouvons la vie !
Où parmi des trésors de tendresse infinie,
La majesté d'un Dieu n'inspire plus d'effroi !
Que la terre et les cieux, les hommes et les anges
S'unissent à jamais pour chanter tes louanges,
Car c'est l'amour divin que l'on adore en toi !

L'amour chaste et sacré, qui sauve et purifie,
Rêve d'or des mortels, qu'à notre âme ravie
Dans sa réalité vient découvrir la foi !
Amour qui ne connaît ni terme ni distance,
Pour qui l'éternité seule est assez immense,
Cet amour, cœur divin, nous le trouvons en toi !

Amour qui du néant tira jadis le monde,
Astre dont la splendeur sans cesse nous inonde,
Providence régnant par la plus douce loi,
Amour qui nous prévient, qui nous offre la grâce,
Nous cherche, nous pardonne et jamais ne se lasse ;
Cet amour, cœur divin, nous le trouvons en toi !

L'abaissement d'un Dieu qui vint sauver la terre,
La crèche, l'abandon, le froid et la misère,
Les travaux endurés pour enseigner la foi,
La sanglante sueur, les pleurs de l'agonie,
Le supplice, la mort en nous donnant Marie
Tout cela, c'est l'amour, amour qui règne en toi !

C'est l'amour qui te fit la blessure adorable
Asile du pécheur, où le tremblant coupable
Vient chercher le salut dans le sein de son Roi !
C'est de toi que nous vient le sacrement suprême
Où sous l'aspect du pain tu te donnes toi-même
Jamais aucun trésor ne tiendrait lieu de toi !

Est-ce en vain que ce cœur, trône de la clémence,
S'est révélé d'abord à notre pauvre France
Qui trop souvent du ciel a méconnu la loi ?
Non, l'amour ne ment pas, l'amour est invincible,
O cœur divin ! pour toi tout miracle est possible,
Change nos cœurs ingrats ! attire-les à toi !

Mère, qui sur ce cœur avec toute-puissance,
Vous seule, d'un amour parfait, constant, immense,
Avez payé l'amour de ce Fils, notre Roi !
Vous qui savez l'aimer, répandez dans nos âmes
Vos feux purs et sacrés ! et que ces vives flammes
A jamais, cœur divin, nous embrasent pour toi !

# TRADUCTION DE SILVIO PELLICO

—

J'aime ! et du Bien-aimé pour qui seul je respire,
Le cœur a palpité doucement sur mon cœur,
Et c'était.! ah ! je tremble en osant le redire,
Cet ami que j'adore, oui, c'était le Seigneur

Les anges étonnés peuvent à peine croire
Qu'il daigne s'abaisser jusqu'à venir à nous,
Et lui, qui règne au ciel sur un trône de gloire,
Trouve au sein des mortels ses plaisirs les plus doux.

Il vient les consoler, les soulager lui-même,
Il demande leur cœur pour unique retour,
Et triomphant, remonte à son trône suprême,
Disant : « De mes enfants j'ai reconquis l'amour ! »

Oui, guidé par l'amour, et franchissant l'abîme,
Vers moi, sa créature, il a daigné venir,
Et me dit, souriant dans sa bonté sublime,
Pourquoi te dérober, enfant, à mon désir !

Et plus il s'approchait, plus sa voix douce et tendre
Faisait naître en mon âme et l'espoir et la paix,
Dans cette âme ravie il a daigné répandre
Un amour tout-puissant qui ne mourra jamais !

Il est à moi ! je l'aime, et brûle de sa flamme !
Jamais ne s'éteindra cet adorable feu !
Que la terre et le ciel sachent que dans mon âme
Est venu reposer leur Seigneur et leur Dieu.

# TRADUCTION DE L'HYMNE *ADORO TE SUPPLEX*

—

Je t'adore à genoux, Dieu caché, sainte hostie !
Je crois à ta présence, ô Jésus, ô mon Roi !
Et devant toi, Seigneur, mon âme anéantie
S'immole tout entière et s'abandonne à toi !

Plus qu'à mes sens trompeurs, je crois à Dieu lui-même
Qui, parle et nous apprend ses merveilleux décrets,
Pourrais-je démentir la vérité suprême
Quand d'un amour sublime elle dit les secrets ?

Sur la croix, tu cachais ta puissance adorable,
Ici, tout disparaît, l'homme et le Créateur !
Je t'invoque pourtant, comme l'heureux coupable
Qui, souffrant avec toi, te reconnut, Seigneur !

Des clous qui t'ont percé je ne puis voir les traces,
Et je dis cependant : « Mon Seigneur et mon Dieu ! »
Redouble encor ma foi, répands sur moi tes grâces,
De l'amour dans mon cœur lance les traits de feu !

O souvenir divin d'un sacrifice immense ;
Pain céleste et vivant qui fais vivre nos cœurs !
Sois mon unique amour, mon unique espérance,
Laisse-moi savourer tes suprêmes douceurs !

Source de pureté, Dieu que mon âme implore,
Pour nous de tes bienfaits les trésors sont ouverts !
Lave-moi dans les flots de ton sang que j'adore,
Une goutte suffit pour sauver l'univers !

Ici-bas, Dieu puissant, je veux t'aimer et croire,
Mais un jour, dans le ciel montre-moi ta splendeur,
Et que mon âme éprouve en contemplant ta gloire
L'ineffable transport d'un céleste bonheur !

## TRADUCTION DE L'HYMNE *TE MARIAM LAUDAMUS, TE IMMACULATAM CONFITEMUR*

Nous te glorifions, ô Reine immaculée,
Toujours sainte, et pourtant refuge des pécheurs !
De tes enfants pieux la fidèle assemblée
Proclame avec transport tes sublimes grandeurs !

Ta gloire est à nos yeux à la fin dévoilée,
Et l'oracle sacré se publie en tout lieu ;
Marie est trois fois sainte, elle est immaculée,
C'est le miroir sans tache, et l'image de Dieu !

Aurore du salut, divine messagère,
Annonçant aux mortels l'astre de vérité,
Tu répandis partout en brillant sur la terre
Et ta douce chaleur et ta vive clarté.

Fille du Tout-Puissant le ciel est ton empire !
Mère du Fils de Dieu l'enfer tremble à ton nom,
Épouse de l'Esprit dont l'ardeur nous inspire;
Par toi les morts souffrants reçoivent le pardon

L'Église de la terre ! en célébrant ta gloire
T'exprime de l'amour les transports les plus doux,
Et sait que dans le ciel tu gardes la mémoire,
Du temps où tu vivais et tu souffrais pour nous !

Joseph, ton chaste époux, et Joachim, ton père,
Anne, que Dieu choisit pour te donner le jour,
Rendent grâce au Très-Haut, qui les bénit sur terre,
Leur donnant une part de ton céleste amour !

O mère de la grâce ! ô Reine de clémence !
O source de bonté qui ne tarit jamais !
C'est par toi que le Dieu de gloire et de puissance
Répand sur l'univers ses immenses bienfaits !

Le monde condamné reçut par toi la vie,
Lorsque tu consentis aux desseins du Seigneur,
Par toi la créature à Dieu s'est réunie,
Quand le Verbe éternel reposa dans ton cœur !

Tu portes maintenant l'immortel diadème,
Tu vois les séraphins t'invoquer à genoux ;
Assise sur le trône à côté de Dieu même,
Tu nous sauves encore en le priant pour nous !

Que ta bonté chérie en tout temps nous protège,
Nous qui dans les transports de nos saintes ardeurs,
Célébrons à l'envi l'auguste privilège,
Salut du genre humain, source de tes grandeurs !

Par ce prodige heureux, cette grâce étonnante,
Qui courba sous tes pieds les démons abattus,
Obtiens à tes enfants, mère auguste et clémente,
D'imiter quelques traits de tes saintes vertus !

Obtiens-nous d'être admis parmi les chœurs des anges
Au séjour de lumière et d'ineffable paix,
Afin que notre extase et nos chants de louanges
Ainsi que notre amour ne finissent jamais !

Tu nous vois réunis, Souveraine chérie,
Pour t'aimer, te bénir, te consacrer nos cœurs,
Et pour glorifier le saint nom de Marie,
Ce nom rempli d'attraits et de chastes douceurs !

De tes fils repentants efface les souillures,
Montre au divin Sauveur le sein qui l'a porté;
Et le Sauveur en montrant ses blessures
Fléchira l'Éternel contre nous irrité !

Que cette double offrande est merveilleuse et sainte
Tous les bienfaits du ciel nous viendront en retour,
Et nos cœurs pénitents doivent bannir la crainte
La crainte disparaît où l'on voit tant d'amour !

O serviteurs du Christ  ô fidèle assemblée !
Chantez avec transport, redites en tout lieu ;
Marie est trois fois sainte, elle est immaculée,
C'est la Reine du monde et la Mère de Dieu !

# AUTRE

## TE MARIAM LAUDAMUS

—

C'est toi que nous chantons, souveraine des anges
Assise dans le ciel à côté de ton Roi !
Permets que les mortels unissent leur louanges
Aux sublimes accents des célestes phalanges
    Qui se prosternent devant toi !

Les cieux mêmes, les cieux, dans leur splendeur sacrée
Ne sont pas assez purs devant le Créateur !
Mais toi, du Tout-Puissant la fille préférée,
Des splendeurs de ton Dieu par lui-même parée,
    Tu charmes les yeux du Seigneur !

Du Fils de l'Éternel auguste et sainte mère
Souffrant avec ce Fils, triomphant avec lui,
Hier, tu partageais du Christ la coupe amère,
Accepte notre encens, toi qui sauvas la terre,
    Et dans le ciel, règne aujourd'hui !

De l'Esprit du Seigneur épouse immaculée,
Pour toi du Tout-Puissant les trésors sont ouverts
Et ces trésors divins dont le ciel t'a comblée,
Reine dont la bonté ne peut être égalée,
    Tu les répands sur l'univers !

4

Les élus du Très-Haut, que ton secours fidèle
A guidé jusqu'au ciel en soutenant leur foi,
Chantent des hymnes saints à ta gloire immortelle,
Et nomment leurs splendeurs une faible étincelle
    De la splendeur qui brille en toi !

Reine à jamais bénie entre toutes les femmes,
Chef-d'œuvre sans défaut, image du Seigneur,
Ton âme est le miroir où les célestes flammes
Viennent se réunir pour embraser nos âmes
    Du saint amour du Créateur !

C'est toi qui dans le ciel apparus glorieuse
Et brillant des clartés du soleil éternel,
Tu bravais du dragon l'attaque furieuse,
Et les astres divins, couronne radieuse,
    Entouraient ton front immortel !

Ton Fils a fait deux parts de son pouvoir suprême
La justice est à lui, la clémence est à toi
C'est un présent divin du Seigneur qui nous aime,
Et nous ravit le cœur par ta douceur extrême
    Pour le ramener sous sa loi.

De l'union des cœurs du Fils et de la mère
Brûlant des feux sacrés de l'amour éternel
Qui comprendra jamais l'ineffable mystère ?
Lui, le maître du ciel, se donnant à la terre,
    Elle, donnant la terre au ciel !

Apôtres et martyrs, troupe illustre et bénie,
Prophètes qui portez l'auréole de feu,
Vierges, les fleurs du ciel, votre douce patrie
Chantez avec transport : « Trois fois sainte est Marie
    Fille, épouse et mère de Dieu! »

Nous, consolés par elle en ce lieu de misère,
Saluons, exilés, dans nos pieux concerts,
Celle qui de nos pleurs tarit la source amère !
A nous, qu'il racheta, Dieu la donna pour mère !
    Pour souveraine, à l'univers !

# TROISIÈME LIVRE

—

## LOUANGES DE SAINT JOSEPH

—

### CHARITÉ

—

Seigneur, qui promettez le royaume suprême
A l'innocent, au pauvre accablé de douleurs,
Pour sauver l'univers, vous devîntes vous-même
Un pauvre et faible enfant, souffrant, versant des
[pleurs !

A vous donner ses soins qu'il dut trouver de charmes,
Ce père bien aimé choisi par votre cœur,
Quand de sa main tremblante il essuya vos larmes,
Et de vos premiers maux adoucit la rigueur !
Du Sauveur des humains consoler la souffrance
De ce maître adoré partager le destin !
Du Créateur du monde être la Providence !
Réchauffer sur son cœur le céleste orphelin !
Toujours auprès de soi voir Jésus et Marie !
Vivre pour les servir ! posséder leur amour !
Qu'il est beau ce destin ! qu'il est digne d'envie !
En est-il de pareil dans le divin séjour ?

Nous aussi, prenons part à ce bonheur immense !
Entourons l'affligé de nos soins assidus,
Du pauvre qui gémit soulageons l'indigence,
Qui soulage son frère a consolé Jésus !

## PURETÉ

—

De quels divins trésors ton âme est embellie,
O toi dont l'Eternel couronna les vertus,
En te faisant l'appui, le gardien de Marie,
    Le père de Jésus

Parmi les purs esprits qui chantent ses louanges
Aucun ne mérita cette auguste faveur,
C'est Joseph, élevé même au-dessus des anges
    Que choisit le Seigneur !

Vivant près de Jésus, de sa mère chérie,
Ta vertu recevait de nouvelles splendeurs ;
Ton âme respirait la suave ambroisie
    De ces divines fleurs ;

Oui, c'est la pureté que Dieu cherche, et qu'il aime !
C'est la chaste candeur qui ravit son amour ;
C'est au milieu des lis à la blancheur suprême
    Qu'il choisit son séjour !

Quand pour nous il quitta la céleste patrie
Sur terre on l'abreuva de dégoûts et de fiel ;
Mais dans les cœurs sacrés de Joseph, de Marie
    Il retrouvait le ciel !

O Marie ! ô Joseph ! dont les cœurs pleins de grâces
Exhalent un encens si pur, si précieux !
De vos parfums divins nous qui suivons les traces
    Guidez-nous vers les cieux !

## HUMILITÉ

—

Éloigné de grandeurs, méconnu des humains,
Gagner le pain du jour par l'œuvre de ses mains,
   De Joseph telle fut la vie ;
Mais il n'avait au cœur ni plaintes ni soupirs.
En souffrant il goûtait de célestes plaisirs,
   Près de Jésus, près de Marie !

L'épreuve était bien lourde et le travail bien dur,
Mais ils semblaient légers au cœur fervent et pur
   Qu'aujourd'hui le ciel glorifie ;
Quand le travail brisait les forces du vieillard,
Joseph se ranimait en jetait un regard
   Et sur Jésus et sur Marie !

Qu'étaient-ils devant Dieu ces fiers dominateurs
Qui dans le même temps étalaient leurs grandeurs,
   Leur faste et leur orgueil impie
Un souffle du Seigneur les a vite abattus,
Et le ciel à jamais chantera tes vertus,
   Humble et pauvre époux de Marie !

Joseph succombe enfin, nul n'y songe ici-bas,
Comme pendant sa vie, à l'instant du trépas,
   Chacun le dédaigne ou l'oublie,
Et pourtant son trépas est doux et glorieux,
Ils ont pleuré sa mort, ils ont fermé ses yeux,
   Le divin Jésus et Marie !

Être le fils des Rois et vivre au dernier rang,
Être au-dessous de tous lorsqu'on est le plus grand
 C'est l'épreuve qu'il a subie,
Mais la gloire immortelle est venue à son tour,
Joseph est le premier au céleste séjour;
 Après Jésus, après Marie !

# CANTIQUES

## I

O doux Jésus, ô victime adorée,
Quoi ! vous daignez vous unir à mon cœur?
Vous m'appelez à la table sacrée
Pour m'accorder cet immense bonheur
Oui, me voici, puisque Dieu m'y convie,
Je suis à vous, divine Majesté,
    C'est pour la vie
    Et pour l'éternité !

Seul vous pouvez combler notre espérance,
Verser dans l'âme et la joie et la paix ;
Seul, vous aimez d'une tendresse immense,
Et d'un amour qui ne s'éteint jamais !
Oui, ce trésor de tendresse infinie
Quand vous l'offrez ô Dieu de charité,
    C'est pour la vie
    Et pour l'éternité !

Oh ! quand serai-je au bout de la carrière
Où nos soutiens sont l'espoir et la foi ?
Quand vous verrai-je au séjour de lumière ?
Quand direz-vous : « Enfant, viens près de moi,
Voici la gloire et la joie infinie,
Car en moi seul est ta félicité,
    Voici la vie,
    Voici l'éternité ! »

## II

Marie
Douce Reine des cieux,
Chérie
De tous les cœurs pieux
Sur terre
Protège-moi toujours,
Ma mère
Je t'ai donné mes jours

Présente
Mes vœux au divin Roi,
Augmente
Ma ferveur et ma foi,
Enflamme,
Mère du Rédempteur,
Mon âme
D'une céleste ardeur !

O Reine
Qui sais ravir les cœurs,
Ramène
A ton fils les pécheurs !
Refuge
Des coupables en pleurs,
D'un juge
Adoucis les rigueurs !

Ma mère,
Mon soutien, mon espoir,
J'espère
Un jour au ciel te voir !
J'envie
Ton immortelle cour,
Ravie
Dans l'extase et l'amour !

J'élève
Ma prière vers toi,
J'achève
Mon exil sans effroi
Toi-même
As dit : « Espère en paix,
« Qui m'aime
Ne périra jamais !

# DIALOGUE D'UN ANGE ET D'UNE AME

—

L'AME

Bel ange, dis-moi, je t'en prie,
Quels sont les plus charmants plaisirs
Que l'on goûte dans la patrie
Céleste objet de mes désirs ?

Serait-ce les roses brillantes
Étalant leurs riches couleurs ?
Les brises tièdes, odorantes,
Répandant le parfum des fleurs ?
Le sable d'or et la verdure
Et les bosquets délicieux,
Tous les trésors de la nature
Mille fois plus beaux dans les cieux ?

L'ANGE

Non, il est un bonheur bien plus parfait encore
Qui charme les élus dans le divin séjour,
Le bonheur d'être aime du Seigneur qu'on adore
Sans craindre un seul instant de perdre son amour !

L'AME

Et l'infini semé d'étoiles
Offert en spectacle à vos yeux ?
Ces mondes contemplés sans voiles,
Suivant leurs soleils radieux ?

L'espace éblouissant, immense
Sillonné de globes de feu
Racontant la toute-puissance
De leur Créateur et leur Dieu ?

L'ANGE

Non, il est un bonheur bien plus parfait encore,
Qui charme les élus dans le divin séjour,
Le bonheur d'être aimé du Seigneur qu'on adore,
Sans craindre un seul instant de perdre son amour.

L'AME

Et les suaves mélodies
Dont vous remplissez vos concerts,
Louant les beautés infinies
Du Créateur de l'univers !
La voix des vierges et des anges
Formant de célestes accords,
Adressant à Dieu leurs louanges
Parmi d'ineffables transports ?

L'ANGE

Non, le plus grand bonheur, je te le dis encore,
Que goûtent les élus dans le divin séjour,
C'est d'être unis au Dieu que l'univers adore,
Absorbés pour jamais dans l'éternel amour !

# TRADUCTION DU PSAUME 136 :
## SUPER FLUMINA BABYLONIS

—

Accablés et vaincus, réduits à l'esclavage,
Sur les bords de l'Euphrate amenés dans les fers,
Assis en gémissant sur ce fatal rivage
    Nous pleurions nos revers !

Nous pleurions sur les bords Sion triste et captive
Nous rêvions, exilés, aux champs de nos aïeux,
Et nos luths suspendus aux saules de la rive
    Restaient silencieux !

Quand un Assyrien, raillant notre misère,
Nous dit de répéter, pour complaire au vainqueur,
Les cantiques pieux que nous chantions naguère
    Dans nos jours de bonheur !

Hélas! pourrions-nous bien, sous vos lois abhorrées
Répéter, pour charmer un cruel oppresseur,
Ces chants qui célébraient dans nos fêtes sacrées
    La gloire du Seigneur ?

O terre d'Israël ! ô ma douce patrie !
O pays bien-aimé que choisit l'Éternel !
Sur moi puisse tomber, si jamais je t'oublie
    La colère du Ciel !

Ton image est toujours présente à ma pensée,
Elle cause à la fois et ma joie et mes pleurs,
C'est le baume divin, la céleste rosée
    Qui calme mes douleurs !

5

O mon Dieu, souviens-toi de l'horrible furie
De ces enfants d'Edom aveugles et cruels,
Embrasant ton saint temple, et dans leur rage impie
    Profanant tes autels !

« Détruisez, s'écriait cette horde insensée,
    Détruisez ces autels, ces remparts, ces palais,
    Et que Jérusalem, de la terre effacée,
        Périsse pour jamais ! »

Tremble et pleure à ton tour, Babylone orgueilleuse
Bientôt le Dieu vengeur qui brisera nos fers,
Va renverser tes murs et de ta chute affreuse
    Étonner l'univers !

## CANTIQUE

—

C'est en vain qu'un flatteur langage
S'efforce de gagner mon cœur
A ce monde ingrat et volage
Où l'on ne trouve que douleur
Un doux Sauveur, un tendre père
Captive mon âme aujourd'hui,
Et dans le ciel ou sur la terre
Je ne veux rien, si ce n'est lui !

Faibles et vaines créatures
Dont les attraits durent un jour,
Vous ne rendez que des blessures
A qui vous donne son amour !
C'est en Dieu que je crois, j'espère,
Et j'y trouve un fidèle appui
Ah ! dans le ciel ou sur la terre
Qui donc sait aimer comme lui ?

Pour vous dévouer, faibles âmes,
Que sont vos timides efforts ?
En lui sont les divines flammes,
Et de l'amour sont les trésors !
Qu'on se prosterne et qu'on révère
Ce Dieu, notre céleste appui !
Qui donc, au ciel et sur la terre
A souffert pour nous comme lui ?

Et ce maître, aux bienfaits immenses,
Par des ingrats est méconnu !
Combien de fois par mes offenses
A son amour j'ai répondu !
Et cependant à ma misère
Ce Sauveur pardonne aujourd'hui !
Ah ! dans le ciel ou sur la terre
Qui donc pardonne comme lui ?

Oui vers lui mon âme s'élance,
De lui seul j'attends le bonheur
Qu'une impérissable espérance
Présage et promet à mon cœur !
O jour suprême, ô jour prospère,
Je dirai, quand vous aurez lui ;
Voici le ciel, adieu la terre,
Dieu m'appelle, et je vais à lui! »

# SAINTE ÉLISABETH DE HONGRIE
## DUCHESSE DE THURINGE

—

« Voyez sur le chemin cette jeune étrangère
Le front pâle et penché, les yeux baignés de pleurs
Ses habits en lambeaux attestent sa misère,
Et ses pas chancelants décèlent ses douleurs !

« Ses enfants éplorés se pressent autour d'elle ;
Elle gémit sur eux, guide leurs faibles pas ;
Et parfois, oubliant sa fatigue cruelle,
Pour adoucir leurs maux les porte dans ses bras !

« Sa beauté, sa douleur, sa tendresse de mère
Devraient toucher les cœurs de pitié, de respect !...
Et cependant chacun repousse l'étrangère,
Ou, saisi de terreur, s'enfuit à son aspect !

« Quelle est donc cette femme, objet de tant de haine ?
Est-ce un être maudit et souillé de forfaits ?
— Non ! cette femme est une Reine
Qui répandit partout d'innombrables bienfaits !

« La noble Élisabeth, princesse de Hongrie,
Au prince de Thuringe avait lié ses jours,
Et jamais on ne vit de chaîne plus chérie,
Jamais Dieu ne bénit de plus saintes amours.

« De tous les malheureux aimable providence
Elle essuyait leurs pleurs, elle était leur soutien,
Elle quittait la cour pour chercher l'indigence,
Et comme le Sauveur, allait faisant le bien !

« Dans son âme innocente aucune ombre de crainte,
Ne faisait présager les rigueurs de son sort,
Mais son époux partit pour la croisade sainte,
Et loin d'Élisabeth il a trouvé la mort.

« Des frères criminels du trône l'ont chassée ;
Ils n'ont pas de leur sœur osé trancher les jours;
Ils veulent que partout, errante et repoussée,
Elle n'obtienne rien, ni pitié ni secours !

« La pitié.... dans les cœurs souvent se fait entendre,
On voudrait soulager l'effroyable malheur
Qui vient briser cette âme et si noble et si tendre,
Mais la pitié succombe et cède à la terreur ! »

« Et pendant plusieurs jours la royale exilée
Avec peine obtenant le plus immonde abri,
Répéta bien souvent, par Dieu seul consolée :
Mon Dieu, pardonnez-leur ! Mon Dieu, soyez béni ! »

« Mais des vaillants barons l'âme loyale et fière,
Apprenant ces forfaits, a frémi de courroux ;
Le tyran confondu par leur menace altière,
Va chercher sa victime et pleure à ses genoux.

« La Reine fut rendue au trône, à sa patrie,
Mais conserva la croix qui l'attachait à Dieu.
Priant et s'immolant, elle acheva sa vie,
Consumée en sa fleur par un céleste feu.

« Fuyant la pourpre et l'or et se couvrant de bure,
Elle servit le pauvre ! et pour tant de vertus,
Trop souvent recueillit le sarcasme et l'injure ;
Le monde comprend-il les grandeurs des élus ?

« Mais quand elle succombe, en pardonnant encore,
Aux cieux elle triomphe ! on l'admire, ici-bas !
La mort n'est pour les saints qu'une divine aurore,
Et leur gloire commence à l'instant du trépas !

« Des miracles nombreux attestent sa puissance ;
Le père des chrétiens proclame ses grandeurs ;
Ses cruels ennemis éprouvent sa clémence,
— C'est ainsi qu'un martyr punit ses oppresseurs !

« Ainsi quand de nos jours d'effroyables tempêtes
Ravagèrent la France en proie à la terreur,
Les martyrs dont le glaive a moissonné les têtes,
Ont prié pour la France en plaignant son erreur !

Vous que le ciel choisit pour expier nos crimes
Vous dont le sacrifice apaisa son courroux,
Dans le séjour des cieux, ô royales victimes,
Daignez encor prier pour nous !

# TABLE DES MATIÈRES


## LIVRE PREMIER

Ave Maria............................................. 1
La Religieuse partant pour la mission................. 3
Résignation........................................... 5
Le secours de Marie................................... 7
Le mois de Marie...................................... 9
Sainte Geneviève...................................... 11
A saint Joseph........................................ 13
Le Cœur de Marie...................................... 14
La source de vie...................................... 16
L'exil................................................ 19
Amour divin........................................... 20
Louange à Marie....................................... 21
L'étoile des mers..................................... 24
Les Fleurs de Marie................................... 26
Marie Immaculée....................................... 28

## LIVRE DEUXIÈME

Jésus parmi nous...................................... 29
L'Adoration........................................... 32
Marie Madeleine....................................... 34
A sainte Anne......................................... 36
Jésus Marie........................................... 38
Mater Amabilis........................................ 40
Ave gratia plena...................................... 41
A Jeanne d'Arc........................................ 42
Saint Louis........................................... 43
Un seul cœur.......................................... 45
L'Ange gardien........................................ 48
Le Rêve de l'Infante.................................. 51
Le Cœur de Jésus...................................... 53
Traduction de Silvio Pellico.......................... 55
*Adoro te supplex* (traduction)....................... 56
*Te Mariam laudamus* (traduction)..................... 58
Autre *Te Mariam laudamus*............................ 61

## LIVRE TROISIÈME

Les anges de Joseph : Charité......................... 64
    id.     Pureté........................... 65
    id.     Humilité......................... 66
Cantique : O doux Jésus............................... 68
Cantique : Marie, douce Reine des Cieux............... 69
Dialogue d'un ange et d'une âme....................... 71
Traduction du psaume : *Super flumina*................ 73
Cantique : C'est en vain.............................. 75
Sainte Elisabeth de Hongrie, duchesse de Thuringe..... 77



Paris-Auteuil. — Imp. des Apprentis-Orphelins — Roussel.
40, rue La Fontaine.